Impressum
Verlag: BABADADA GmbH, Nedderfeld 112 , 22529 Hamburg
Geschäftsführer / Verlagsleitung: Harald Hof
Druck: Books on Demand GmbH, In de Tarpen 42, 22848 Norderstedt

Imprint
Publisher: BABADADA GmbH, Nedderfeld 112 , 22529 Hamburg, Germany
Managing Director / Publishing direction: Harald Hof
Print: Books on Demand GmbH, In de Tarpen 42, 22848 Norderstedt

դպրոց

escola

մատյան
classe
բաժանել
dividir
186/2
գրատախտա
կ
tauler
խաղադաշտ
pati (de l'escola)
ուսուցիչ
professor
թուղթ
paper
գրել
escriure
գրիչ
estilogràfica
գրասեղան
escriptori
քանոն
regle
գիրք
llibre
աշակերտ
estudiant

պայուսակ
bossa

գրչատուփ
estoig

մատիտ
llapis

մատիտի սրիչ
maquineta de fer punta

ռետին
goma

նկարչական ալբոմ
bloc de dibuix

նկարչություն

dibuix

վրձին

pinzell

ներկերի տուփ

capsa de pintures

մկրատ

tisores

սոսինձ

cola

տետր

quadern d'exercicis

Տնային աշխատանք

deures

12

թիվ

nombre

2+2

գումարել

afegir

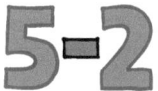

5-2

հանել

sostreure

2×2

բազմապատկել

multiplicar

հաշվել

calcular

A

տառ

lletra

ABCDEFG
HIJKLMN
OPQRSTU
VWXYZ

այբուբեն

alfabet

hello

բառ

mot

տեքստ

text

կարդալ

llegir

կավիճ

guix

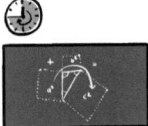

դաս

lliçó

մատյան

llibre de classe

քննություն

examen

վկայական

certificat

դպրոցական համազգեստ

uniforme escolar

կրթություն

formació

հանրագիտարան

enciclopèdia

համալսարան

universitat

մանրադիտակ

microscopi

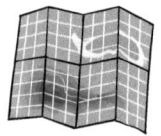

քարտեզ

mapa

աղբարկղ

paperera

ճանապարհորդություն

viatge

հյուրանոց
hotel
հանրակացարա
ն
alberg
փոխանակման կետ
oficina de canvi
ճամպրուկ
maleta
ավտոմեքենա
automòbil

լեզու

llengua

այո / ոչ

sí / no

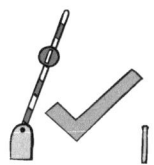

Լավ

D'acord

ողջույն

Ey!

թարգմանիչ

traductora

Շնորհակալություն

gràcies

Որքան է ...?

Quant costa... ?

Ես չեմ հասկանում

No entenc

խնդիր

problema

Բարի երեկո

Bona nit!

Բարի լույս

bon dia!

Բարի երեկո

bona nit!

ցտեսություն

fins aviat

ուղղություն

direcció

ուղղեբեռ

bagatge

պայուսակ

bossa

մեջքի պայուսակ

sarrona

հյուր

convidat

սենյակ

cambra

քնապարկ

sac de dormir

վրան

tenda

Զբոսաշրջության
տեղեկատվական

oficina de turisme

լողափ

platja

ԿՐԵԴԻՏ քարտ

carta de crèdit

նախաճաշ

esmorzar

լանչ

dinar

ճաշ

sopar

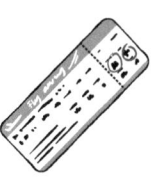

տոմս

bitllet

վերելակ

ascensor

կնիք

segell

սահման

frontera

մաքսային

duana

դեսպանություն

ambaixada

Մուտքի արտոնագիր

visat

անձնագիր

passaport

Փոխադրամիջոցներ

transport

ինքնաթիռ
vol
նավ
vaixell
հրշեջ մեքենա
automòbil dels bombers
ավտոբուս
bus
բեռնատար մեքենա
camió
մոտորանավակ
llanxa de motor
հեծանիվ
bicicleta
ավտոմեքենա
automòbil

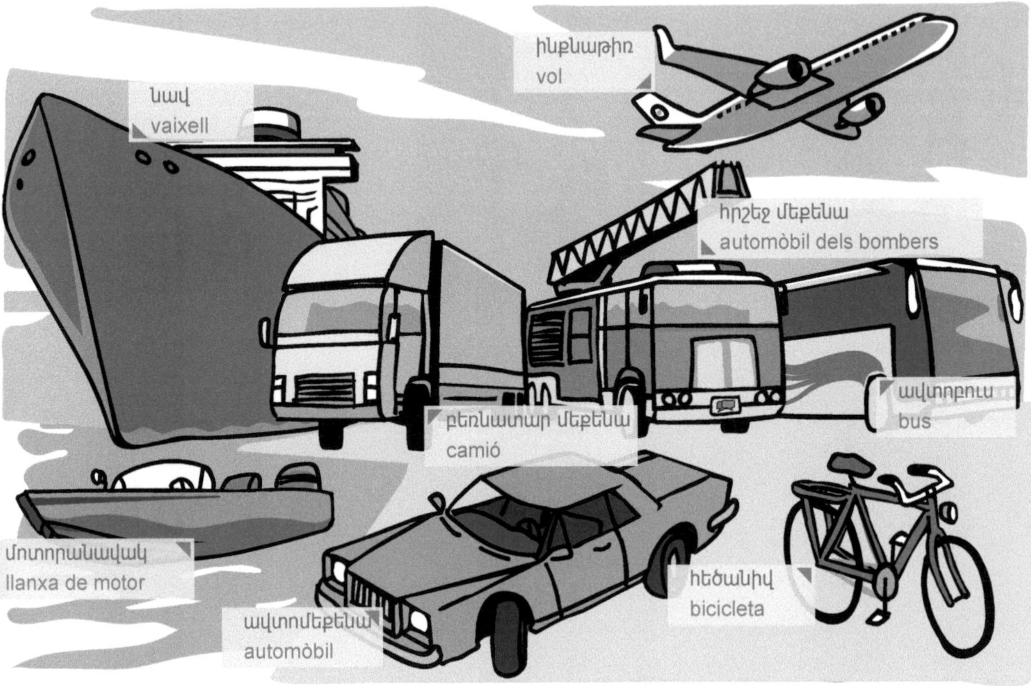

լաստանավ

transbordador

նավակ

barca

մոտոցիկլ

moto

ոստիկանության մեքենա

automòbil de policia

մրցարշավային մեքենա

automòbil de curses

վարձակալվող մեքենա

automòbil de lloguer

մեքենայի վարձակալում

vehicle compartit

էվակուատոր

grua

աղբահանության մեքենա

camió de les escombraries

շարժիչ

motor

վառելիք

benzina

բենզալցակայան

benzineria

երթևեկության նշան

senyal de trànsit

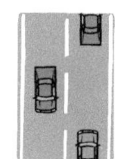

երթևեկություն

trànsit

խցանում

embús

ավտոկանգառ

aparcament

երկաթուղային կայարան

estació de trens

երկաթուղագիծ

vies

գնացք

tren

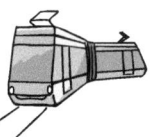

տրամվայ

tramvia

վագոն

vagó

ուղղաթիռ

helicòpter

օդանավակայան

aeroport

աշտարակ

torre

ուղևոր

passatger

աման

contenidor

խավաքարտ

capsa de cartó

սայլ

carretó

զամբյուղ

cistella

հանեք / հողատարածք

enlairar-se / aterrar

քաղաք
ciutat

գյուղ

poble

քաղաքի կենտրոնում

centre de la ciutat

տուն

casa

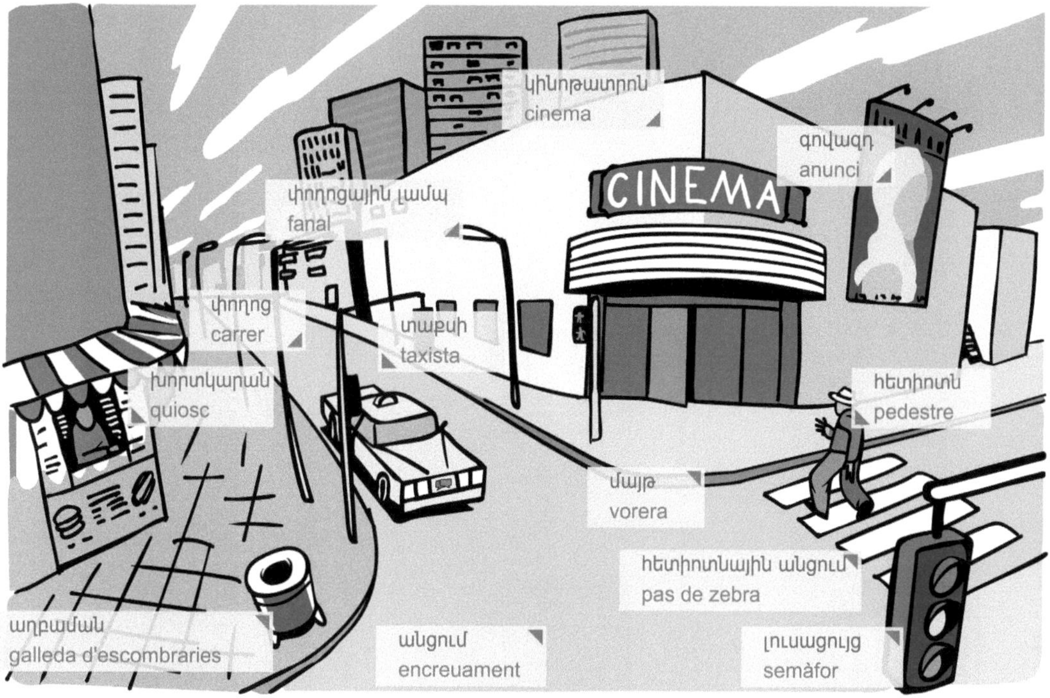
CINEMA
կինոթատրոն
cinema
գովազդ
anunci
փողոցային լամպ
fanal
փողոց
carrer
տաքսի
taxista
խորտկարան
quiosc
հետիոտն
pedestre
մայթ
vorera
հետիոտնային անցում
pas de zebra
աղբաման
galleda d'escombraries
անցում
encreuament
լուսացույց
semàfor

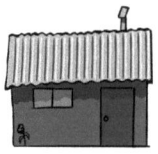

խրճիթ

cabana

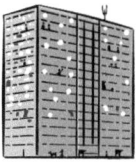

բնակարան

apartament

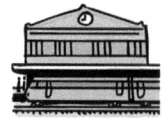

երկաթուղային կայարան

estació de trens

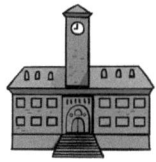

քաղաքապետարան

casa de la vila-ciutat

MUSEUM

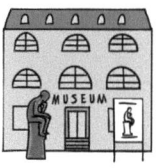

թանգարան

museu

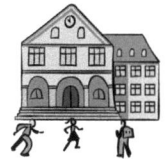

դպրոց

escola

համալսարան

universitat

բանկ

banca

հիվանդանոց

hospital

հյուրանոց

hotel

դեղատուն

farmàcia

գրասենյակ

oficina

գրքույկ խանութ

llibreria

խանութ

botiga

ծաղկի խանութ

floristeria

սուպերմարկետ

supermercat

շուկա

mercat

հանրախանութ

gran magatzem

ձկան խանութ

peixateria

առևտրի կենտրոն

centre comercial

նավահանգիստ

port

քաղաք - ciutat

զբոսայգի
....
parc

բանկերը
....
banc

կամուրջ
....
pont

աստիճաններ
....
escala

մետրո
....
metro

թունել
....
túnel

ավտոբուսի կանգառ
....
parada d'autobús

բար
....
bar

ռեստորան
....
restaurant

փոստարկղ
....
bústia de correu

փողոցային նշան
....
senyal indicador

ավտոկայանման հաշվիչ
....
parquímetre

կենդանաբանական այգի
....
zoo

լողավազան
....
piscina

մզկիթ
....
mesquita

ֆերմա

granja

աղտոտման

pol·lució

գերեզմանոց

cementiri

եկեղեցի

església

խաղահրապարակ

parc infantil

տաճար

temple

բնապատկեր
paisatge

ֆեղկ
fulla

ուղղության նշան
cartell indicador

ճանապարհ
camí

մարգագետին
prat

քար
pedra

ծառ
arbre

արշավականներ
excursionista

գետ
riu

խոտ
gespa

ծաղիկ
flor

հովիտ

vall

բլուր

muntanya

լիճ

llac

անտառ

bosc

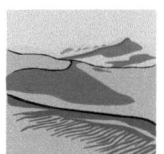

անապատ

desert

հրաբուխ

volcà

ամրոց

castell

ծիածան

arc de Sant Martí

սունկ

bolet

արմավենու ծառ

palmera

մժեղ

moscard

թռչել

mosca

մրջյուն

formiga

մեղու

abella

սարդ

aranya

բզեզ

escarabat

գորտ

granota

սկյուռ

esquirol

ոզնի

eriçó

նապաստակ

llebre

բու

òliba

թռչուն

ocell

կարապ

cigne

վարազ

senglar

եղջերու

cervo

իշայծյամ

ant

պատնեշ

presa

քամին տուրբինների

turbina

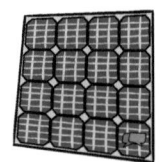

արեւային վահանակ

panell solar

կլիմա

clima

ռեստորան
restaurant

մատուցող
cambrer
մենյու
menú
աթոռ
cadira
ապուր
sopa
պիցցա
pizza
սփռոց
tovalla
սպասք
coberts

ստարտեր

primer plat

հիմնական կերակուր

plat principal

դեսերտ

darreries

օրական

begudes

սնունդ

menjar

շիշ

ampolla

արագ սնունդ

menjar ràpid

streetfood

menjar de carrer

թեյնիկ

tetera

շաքարաման

sucrer

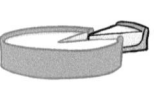

բաժին

porció

էսպրեսսո մեքենա

màquina d'espresso

մանկական աթոռ

trona

օրինագիծ

factura

սկուտեղ

plata

դանակ

ganivet

պատառաքաղ

forqueta

գդալ

cullera

թեյի գդալ

cullereta

անձեռոցիկ

tovalló

ապակի

got

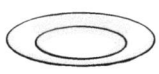

ափսե

plat

խոր ափսե

plat de sopa

պնակ

plateret

սոուս

salsa

աղաման

saler

պղպեղի աղաց

molinet de pebre

քացախ

vinagre

ձեթ

oli

համեմունքներ

espècies

կետչուպ

quètxup

մանանեխ

mostassa

մայոնեզ

maionesa

սուպերմարկետ

supermercat

հատուկ առաջարկ
oferta especial
FOR
հաճախորդ
client
Dairy
productes lactis
միրգ
fruites
գնումների սայլակ
carret de la compra

մսամթերքի խանութ

carnisseria

հացամթերքի խանութ

forn de pa

կշռել

pesar

բանջարեղեն

verdures

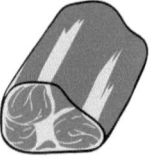

միս

carn

սառեցված սննդամթերքի

menjar congelat

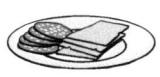

երշիկեղեն

carn freda

պահածոների

conserves

լվացքի փոշի

detergent en pols

քաղցրավենիք

dolços

տնտեսական ապրանքներ

articles domèstics

մաքրող միջոցներ

productes de neteja

վաճառող

venedora

դրամարկղ

caixa registradora

գանձապահ

caixera

գնումների ցուցակ

llista de la compra

Ժամերը

horari d'obertura

դրամապանակ

portamonedes

ԿՐԵԴԻՏ քարտ

carta de crèdit

պայուսակ

bossa

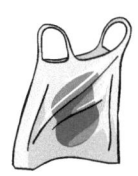

պլաստիկ տոպրակ

bossa de plàstic

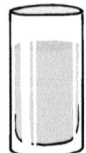

օրական

begudes

ջուր

aigua

հյութ

suc

կաթ

llet

կոլա

coca-cola

գինի

vi

գարեջուր

cervesa

սպիրտ

alcohol

կակաո

cacau

թեյ

te

սուրճ

cafè

էսպրեսսո

espresso

կապուչինո

cappuccino

բանան

banana

խնձոր

poma

նարնջի

taronja

սեխ

síndria

կիտրոն

llimona

գազար

pastanaga

սխտոր

all

բամբուկ

bambú

սոխ

ceba

սունկ

bolet

ընկուզեղեն

avellanes

արիշտա

fideus

սպագետտի
....
espaguetis

բրինձ
....
arròs

աղցան
....
amanida

չիպս
....
patates fregides

տապակած կարտոֆիլ
....
patates fregides

պիցցա
....
pizza

համբուրգեր
....
hamburguesa

սենդվիչ
....
entrepà

կոտլետ
....
escalopa

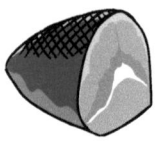

խոզապուխտ
....
cuixot

սալյամի
....
salami

երշիկ
....
salsitxa

հավ
....
pollastre

խորոված
....
rostit

ձուկ
....
peix

վարսակի փաթիլներ

flocs de civada

մյուսլի

musli

եգիպտացորենի փաթիլներ

cereals

ալյուր

farina

կրուասան

croissant

բուլկի

panet

հաց

pa

տոստ

torrada

թխվածքաբլիթներ

bescuits

կարագ

mantega

կաթնաշոռ

mató

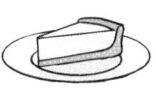

տորթ

pastís

ձու

ou

տապակած ձու

ou fregit

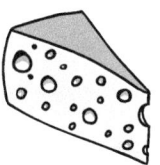

պանիր

formatge

պաղպաղակ
gelat

շաքար
sucre

մեղր
mel

ջեմ
melmelada

նուգա սերուցք
crema de xocolata

կարրի
curri

ֆերմա
granja

granja
գոմ
graner
ծղոտի դեզ
bala de palla
դաշտ
camp
ձի
cavall
կցասայլ
remolc
քուռակ
poltre
տրակտոր
tractor
ավանակ
ase
ոչխար
ovella
գառ
xai

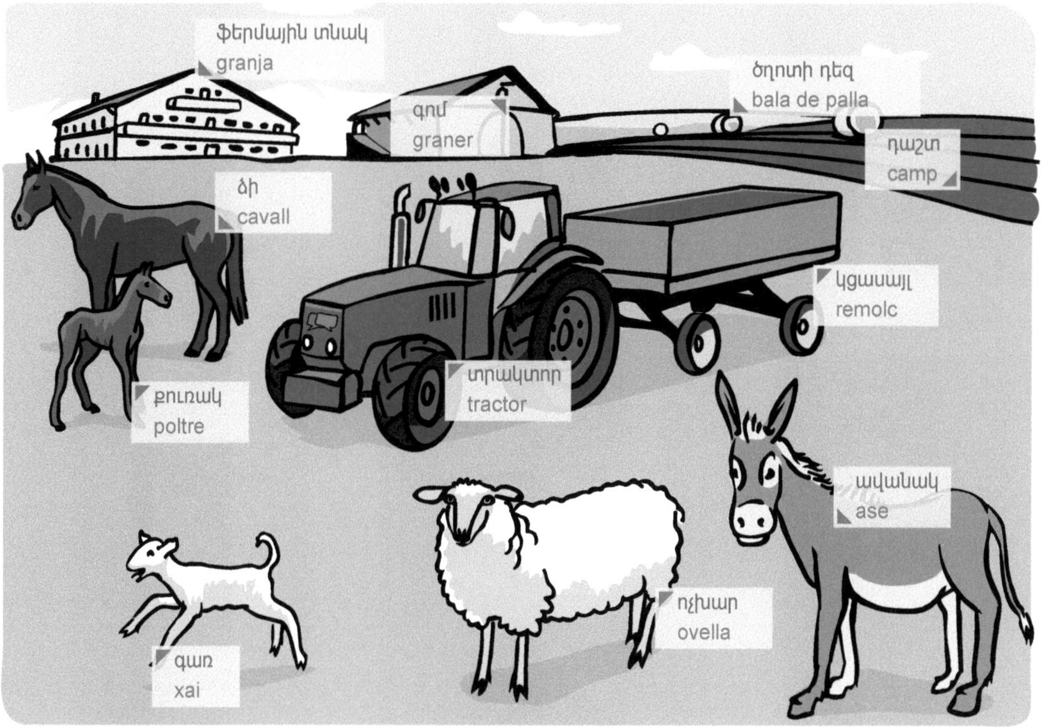

այծ

cabra

կով

vaca

հորթ

vedella

խոզ

porc

խոճկոր

garrí

ցուլ

bou

սագ

oca

բադ

ànec

ճուտ

poll

հավ

gall

աքլոր

gallina

առնետ

rata

կատու

gat

մուկ

ratolí

ցուլ

bou

շուն

gos

շան բուն

gossera

այգու փողրակ

mànega de regar

watering կարող է

regadora

գերանդի

dalla

գութան

arada

մանգաղ

falç

թոխր

aixada

եղան

forca

կացին

destral

միանիվ ձեռնասայլակ

carretó

կերակրատաշտ

abeurador

կաթի բիդոն

lletera

պարկ

sac

ցանկապատ

tanca

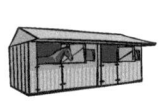

կայուն

establa

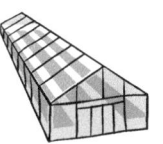

ջերմոց

hivernacle

հող

sòl

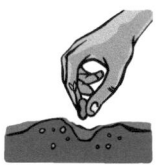

սերմ

llavor

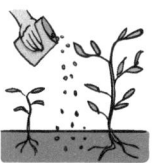

պարարտանյութ

adob

բերքահավաք կոմբայն

collidora

բերք

collir

բերք

collita

յամս

nyam

ցորեն

blat

սոյա

soja

կարտոֆիլ

patata

եգիպտացորեն

blat de moro o d'indi

rapeseed

colza

մրգային ծառ

arbre fruiter

manioc

mandioca

շիլաներ

cereals

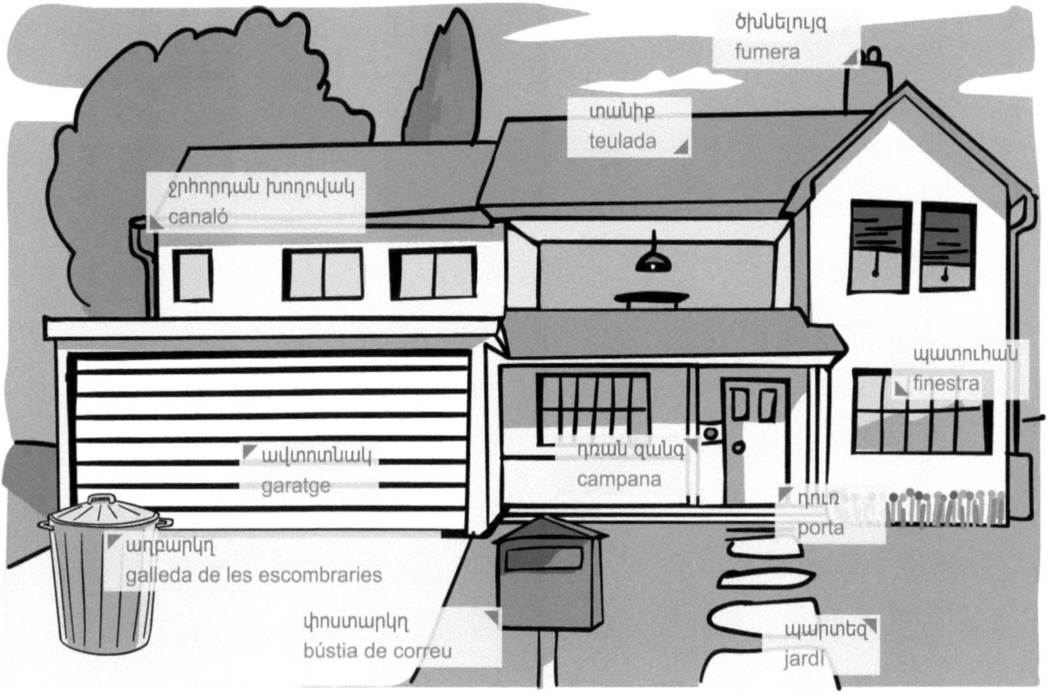

ծխնելույզ
fumera
տանիք
teulada
ջրհորդան խողովակ
canaló
պատուհան
finestra
ավտոտնակ
garatge
դռան զանգ
campana
դուռ
porta
աղբարկղ
galleda de les escombraries
փոստարկղ
bústia de correu
պարտեզ
jardí

հյուրասենյակ

sala d'estar

լողասենյակ

bany

խոհանոց

cuina

ննջարան

cambra de dormir

մանկական սենյակ

cambra de nen

ճաշասենյակ

menjador

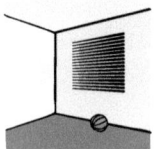

հարկ

sòl

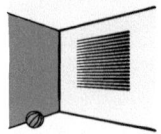

պատ

paret

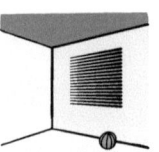

առաստաղ

sostre

նկուղ

soterrani

շոգեբաղնիք

sauna

պատշգամբ

balcó

պատշգամբ

terrassa

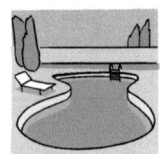

ավազան

piscina

խոտհնձիչ

tallagespa

թերթ

vànova

անկողնու ծածկոց

cobrellit

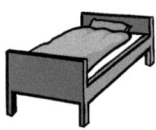

մահճակալ

llit

ավել

escombra

դույլ

galleda

անջատիչ

interruptor

հյուրասենյակ
sala d'estar

պաստառ
paper de paret
նկար
quadre
լամպ
làmpada
դարակ
prestatge
բուֆետ
armari
հեռուստացույց
televisor
բուխարի
escalfapanxes
ծաղիկ
flor
բարձ
coixí
բազմոց
sofà
սկահակ
gerro
հեռակառավարման
վահանակ
telecomanda

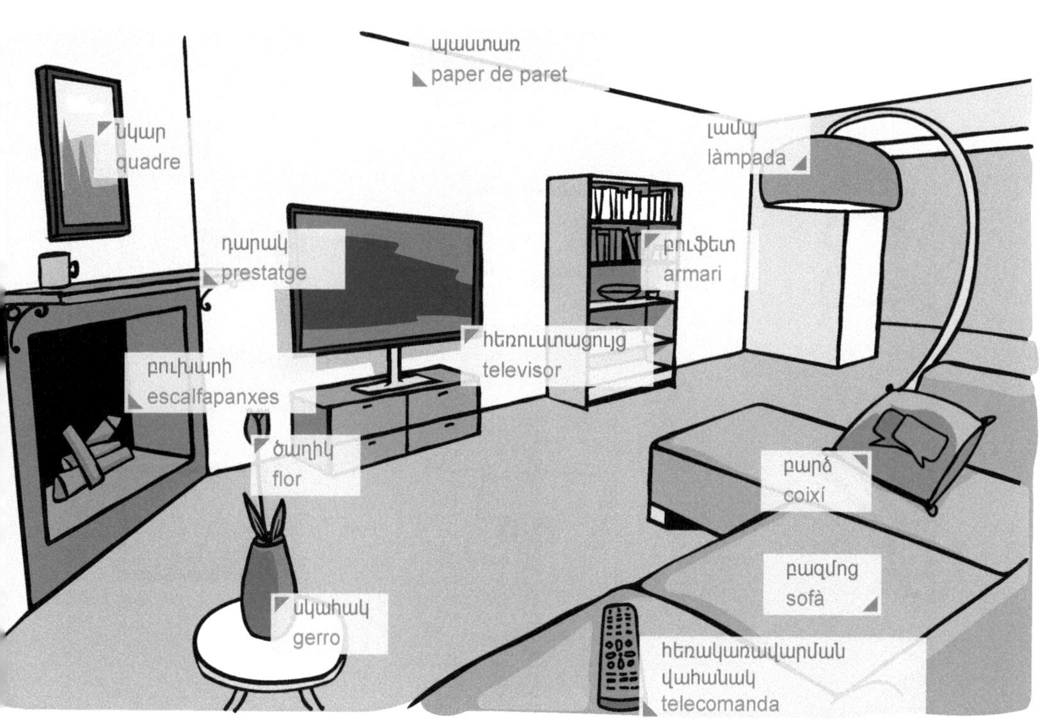

գորգ

catifa

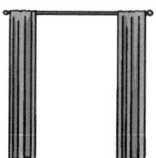

վարագույր

cortina

սեղան

taula

աթոռ

cadira

ճոճվող բազկաթոռ

cadira gronxadora

բազկաթոռ

cadiral

գիրք

llibre

վերմակ

llençol

զարդարանք

decoració

վառելափայտ

llenya

ֆիլմ

film

hi-fi

cadena de música

բանալի

clau

թերթ

diari

նկար

pintura

պլակատ

cartell

ռադիո

ràdio

տետր

bloc de notes

փոշեկուլ

aspiradora

կակտուս

cactus

մոմ

candela

խոհանոց
cuina

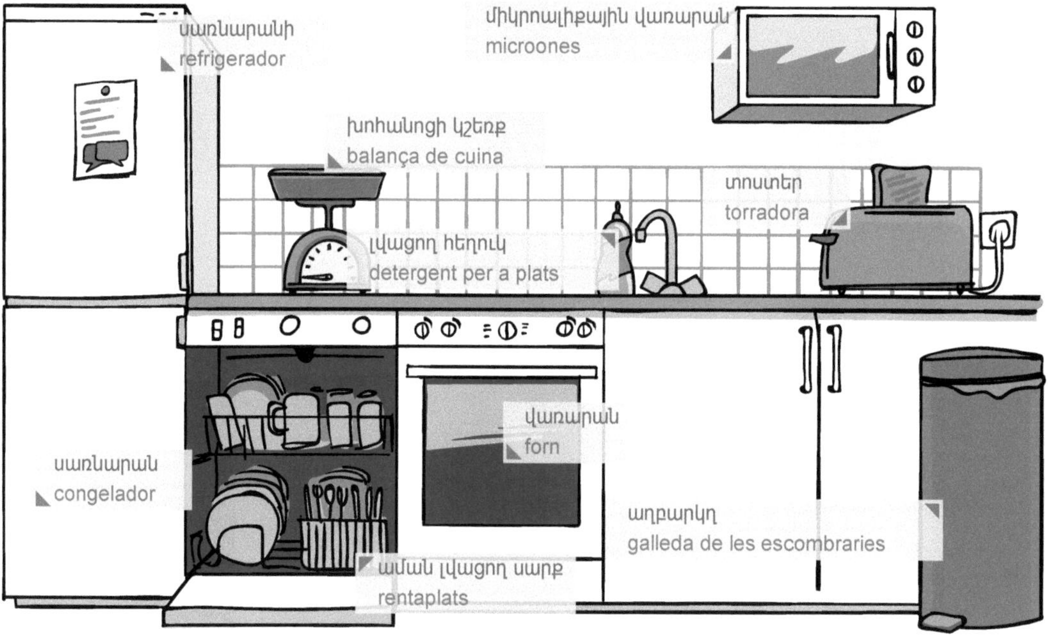
սառնարանի
refrigerador
միկրոալիքային վառարան
microones
խոհանոցի կշեռք
balança de cuina
տոստեր
torradora
լվացող հեղուկ
detergent per a plats
վառարան
forn
սառնարան
congelador
աղբարկղ
galleda de les escombraries
աման լվացող սարք
rentaplats

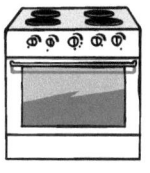

կաթսա

cuina de fogons

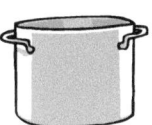

կճուճ

olla

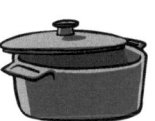

թուջե աման

olla de ferro colat

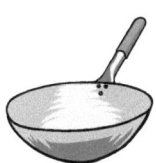

wok / kadai

wok / karahi

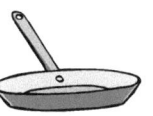

թավա

paella

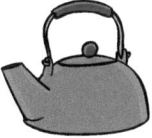

թեյնիկ

bullidor

շոգենավ

olla de vapor

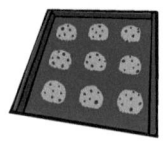

ջեռոցի սկուտեղ

plata de forn

ամանեղեն

vaixella

բաժակ

tassa grossa

խորը աման

bol

փայտիկներ

bastonets xinesos

շերեփ

culler

խոհանոցային բահիկ

espàtula

հարել

batedor

քամիչ

colador

մաղ

sedàs

քերիչ

ratllador

հավանգ

morter

խորոված

barbacoa

բաց կրակի

foc a terra

տախտակ

taula de tallar

գրտնակ

corró

խցանահան

llevataps

բանկա

pot de conserva

բացիչ

obridor

խոհանոցային բռնիչ

agafador

լվացարան

aigüera

խոզանակ

raspall

սպունգ

esponja

բլենդեր

batedora

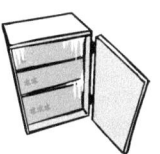

սառնարան

congelador

մանկական շիշ

biberó

թակել

aixeta

լողասենյակ

bany

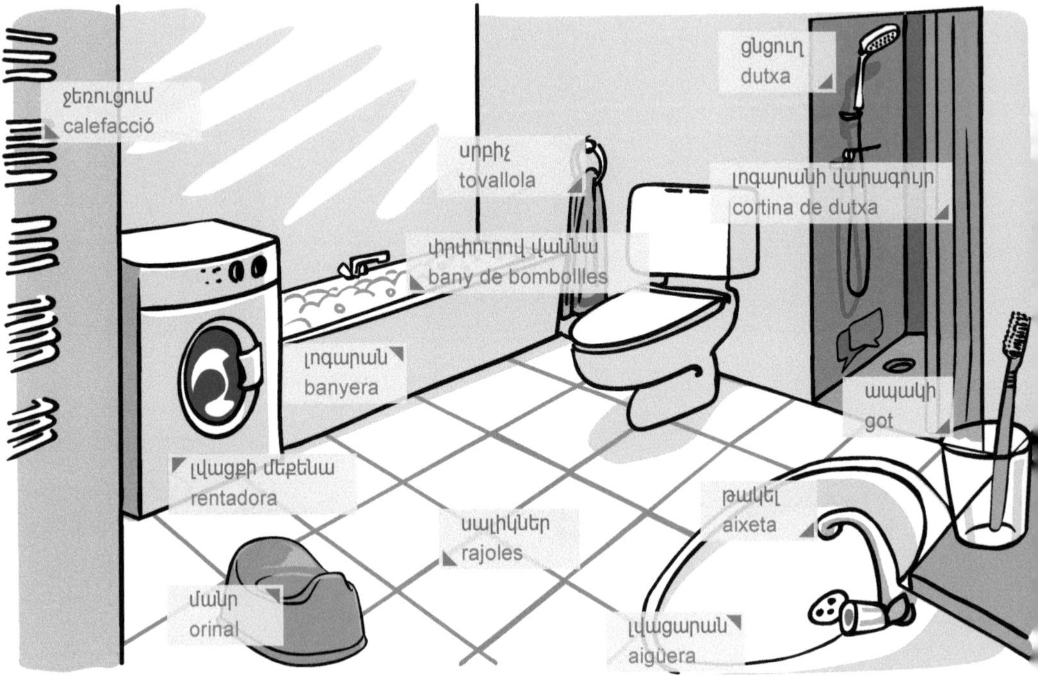

ջեռուցում
calefacció
ցնցուղ
dutxa
սրբիչ
tovallola
լոգարանի վարագույր
cortina de dutxa
փրփուրով վաննա
bany de bombolles
լոգարան
banyera
got
լվացքի մեքենա
rentadora
թակել
aixeta
սալիկներ
rajoles
մանր
orinal
լվացարան
aigüera

զուգարան

lavabo

կզելը զուգարան

lavabo turc

բիդե

bidet

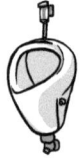

pissoir

orinador

զուգարանի թուղթ

paper higiènic

զուգարանի խոզանակ

escombreta de sanitari

ատամի խոզանակ

raspall de dents

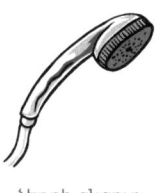

ատամի քսուք

pasta de dents

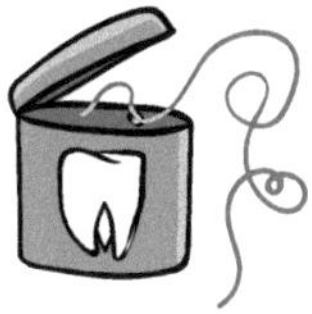

ատամի թել

fil dental

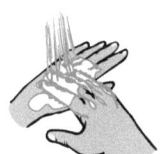

լվանալ

rentar

ձեռքի ցնցուղ

pom de dutxa

ցնցուղ

dutxa íntima

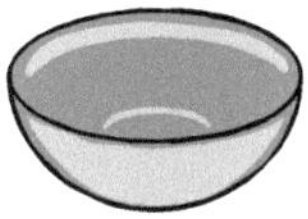

ավազան

rentamans

մեջքի խոզանակ

raspall per a l'esquena

օճառ

sabó

լոգանքի գել

gel de dutxa

շամպուն

xampú

ձիլոպ

manyopla de bany

հատականցք

bonera

կրեմ

crema

դեզոդորանտ

desodorant

հայելի

mirall

ձեռքի հայելի

mirall-espill de mà

սափրիչ

maquineta de rasar

Սափրվելու փրփուր

espuma de barbejar

սափրվելուց հետո քսվող
լոսյոն

loció post-rasada

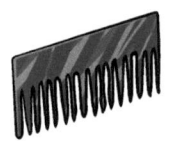

սանր

pinta

խոզանակ

raspall

մազերի չորացուցիչ

eixugador

մազի լաք

laca

դիմահարդարում

maquillatge

շրթներկ

pintallavis

եղունգների լաք

esmalt d'ungles

բամբակ

cotó

եղունգների մկրատ

tallaungles

օծանելիք

perfum

դիմահարդարման պայուսակ

estoig de bellesa

աթոռակ

tamboret

կշեռք

bàscula

լողանալու խալաթ

barnús

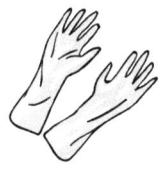

ռետինե ձեռնոցներ

guants de goma

տամպոն

compresa higiènica

սանիտարական սրբիչ

compresa

քիմիական զուգարան

sanitari químic

մանկական սենյակ
cambra de nen

զարթուցիչ ժամացույց
despertador
փափուկ խաղալիք
animal de peluix
խաղալիք մեքենա
auto de joguina
բըբլալ
sonall
տիկնիկների տնակ
casa de nines
ներկա
present

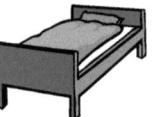

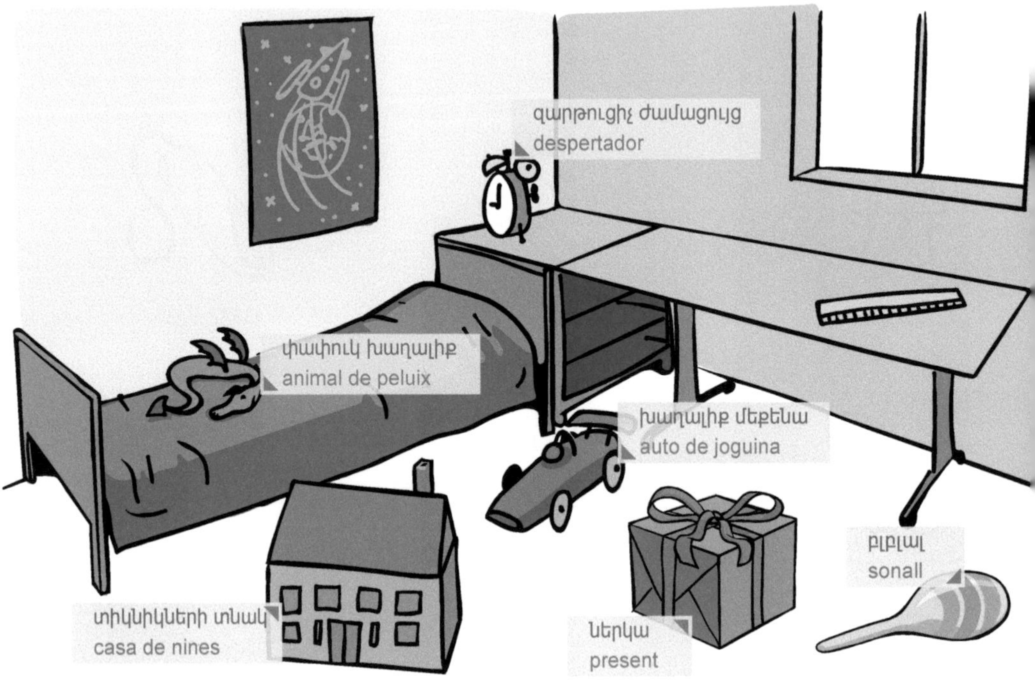

փուչիկ
baló

մահճակալ
llit

մանկական սայլակ
cotxet per a nens

խաղաթղթեր
joc de cartes

խճապատկեր
trencaclosca

կոմիքս
historieta

Լեգո կուբիկներ
....
peces de lego

կառուցողական
խաղալիքներ
peces de construcció

ակցիան գործիչ
....
ninot d'acció

մանկական բոդի
....
granota

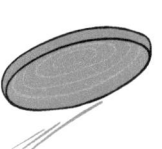

Frisbee
....
frisbee

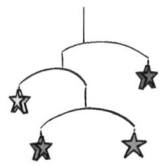

շարժական
....
mòbil per a bressol

խաղատախտակ
....
joc de taula

զառախաղ
....
daus

գնացքների կազմ
....
tren elèctric

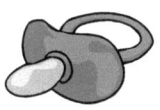

ծծակ
....
xumet

կուսակցություն
....
festa

մանկական
պատկերազարդ գիրք
llibre de dibuixos

գնդակ
....
pilota

տիկնիկ
....
nina

խաղալ
....
jugar

ավազե խաղահրապարակի

sorrera

ռիթմ

gronxador

Խաղալիքներ

joguines

վիդեո խաղ մխիթարել

consola de jocs de vídeo

եռանիվ հեծանիվ

tricicle

խաղալիք արջուկ

osset de peluix

պահարան

armari

հագուստ

roba

կիսագուլպա

mitjons

գուլպա

mitges

զուգագուլպա

mitja pantaló

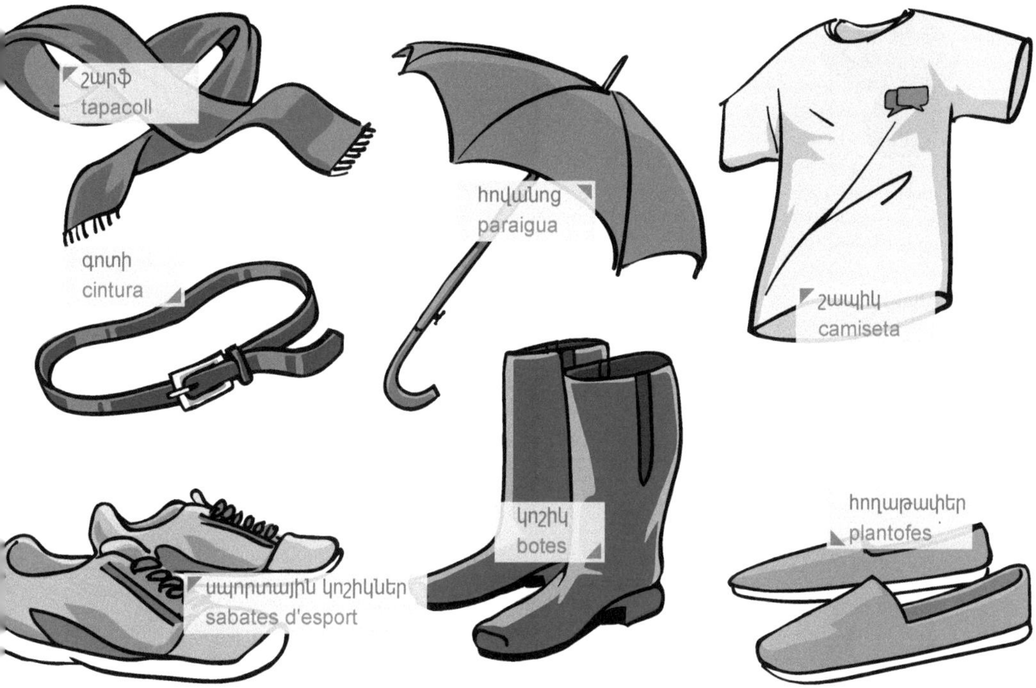

շարֆ
tapacoll

հովանոց
paraigua

շապիկ
camiseta

գոտի
cintura

կոշիկ
botes

հողաթափեր
plantofes

սպորտային կոշիկներ
sabates d'esport

սանդալներ
sandàlies

կոշիկ
sabates

ռետինե կոշիկներ
botes de goma

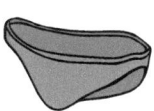

վարտիք
calçonets

կրծկալ
sostenidor

մայկա
guardapits

մարմին

jjustacòs

անդրավարտիք

pantalons

ջինս

jeans

կիսաշրջազգեստ

faldeta

բլուզ

brusa

վերնաշապիկ

camisa

պուլովեր

jersei

սպորտային կուրտկա

dessuadora

պիջակ

blazer

կուրտկա

jaqueta

վերարկու

mantell

անձրևանոց

impermeable

կանացի կոստյում

vestit de dona

զգեստ

vestit de dona

հարսանյաց զգեստ

vestit de núvia

տղամարդու կոստյում

vestit d'home

գիշերանոց

camisa de dormir

պիժամա

pijama

Սարի

sari

գլխաշորն

mocador de cap

չալմա

turbant

չադրա

burca

արևելյան խալաթ

caftan

հաստ վերարկու

abaia

կանացի լողազգեստ

vestit de bany

տղամարդու լողազգեստ

calçon(et)s de bany

շորտ

pantalons curts

սպորտային համազգեստ

xandall

գոգնոց

davantal

ձեռնոցներ

guants

կոճակ

botó

ակնոց

ulleres

ապարանջան

braçalet

վզնոց

collaret

մատանի

anell

ականջօղ

orellera

գլխարկ

casquet

կախիչ

penjador

գլխարկ

capell

փողկապ

corbata

շղթա

cremallera

սաղավարտ

casc

տաբատակալ

elàstics

դպրոցական համազգեստ

uniforme escolar

համազգեստ

uniforme

մանկական գոգնոց

pitet

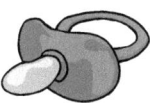

ծծակ

xumet

մանկական տակդիր

bolquer

գրասենյակ
oficina

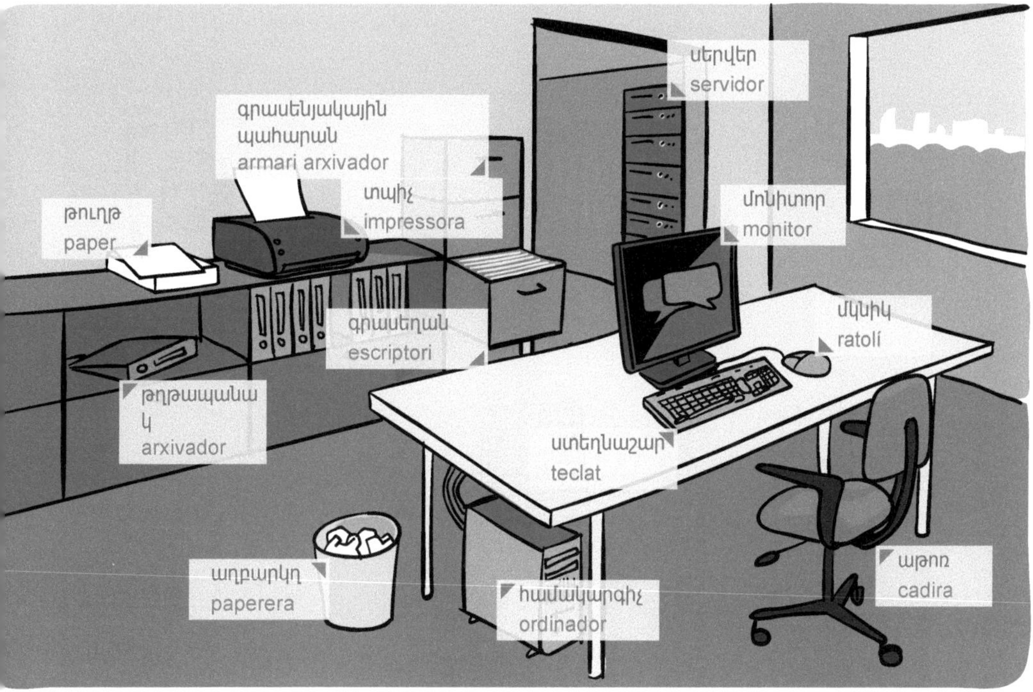

սերվեր
servidor

գրասենյակային
պահարան
armari arxivador

տպիչ
impressora

մոնիտոր
monitor

թուղթ
paper

գրասեղան
escriptori

մկնիկ
ratolí

թղթապանակ
arxivador

ստեղնաշար
teclat

աղբարկղ
paperera

համակարգիչ
ordinador

աթոռ
cadira

սուրճի գավաթ

tassa de cafè

հաշվիչ

calculadora

ինտերնետ

Internet

laptop

ordinador portàtil

նամակ

lletra

հաղորդագրություն

missatge

բջջային հեռախոս

mòbil

ցանց

xarxa

պատճենահանման սարք

fotocopiadora

ծրագրային ապահովում

programari

հեռախոս

telèfon

վարդակ

presa de corrent

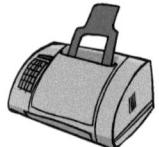

ֆաքսի մեքենա

fax

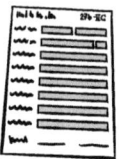

տեսակ

formulari

փաստաթուղթ

document

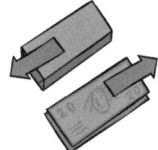

գնել

comprar

վճարել

pagar

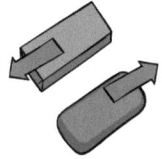

առեւտրի

comerciar

փող

diners

դոլար

dòlar

եվրո

euro

իեն

ien

ռուբլի

ruble

շվեյցարական ֆրանկ

franc suís

յուան

renminbi

ռուպի

rupia

բանկոմատ

caixa automàtica

փոխանակման կետ
....
oficina de canvi

ոսկի
....
or

արծաթ
....
argent

նավթ
....
petroli

Էներգիա
....
energia

գին
....
preu

պայմանագիր
....
contracte

հարկ
....
impost

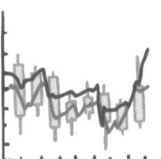

ակցիաներ
....
acció

աշխատանք
....
treballar

ծառայող
....
treballador

գործատուն
....
empresari

գործարան
....
fàbrica

խանութ
....
botiga

մասնագիտություն
oficis

ոստիկան
oficial de policia
հրշեջ
bomber
խոհարար
cuiner
բժիշկ
doctora
օդաչու
pilot

այգեպան

jardiner

ատաղձագործ

fuster

դերձակուհի

costurera

դատավոր

jutge

քիմիկոս

química

դերասան

actor

ավտոբուսի վարորդ

conductor d'autobús

տաքսու վարորդ

taxista

ձկնորս

pescador

հավաքարար

dona de la neteja

տանիքագործ

ensostrador

մատուցող

cambrer

որսորդ

caçador

նկարիչ

pintor

հացթուխ

forner

էլեկտրատեխնիկ

electricista

շինարար

obrer de la construcció

ինժեներ

enginyer

մսագործ

carnisser

ջրմուղագործ

llanterner

փոստատար

correu

զինվոր

soldat

ճարտարապետ

arquitecte

գանձապահ

caixera

ծաղկավաճառ

florista

վարսավիր

perruquer

տոմսավաճառ

revisor

մեխանիկ

mecànic

կապիտան

capità

ատամնաբույժ

dentista

գիտնական

científic

ռաբբի

rabí

Իմամ

imam

կուսակրոն

monjo

հոգևորական

capellà

գործիքներ

eines

մուրճ
martell
տափակաբերան աքցան
tenalles
պտուտակահան
descaragolador
դարձակ
clau anglesa
լապտեր
llanterna

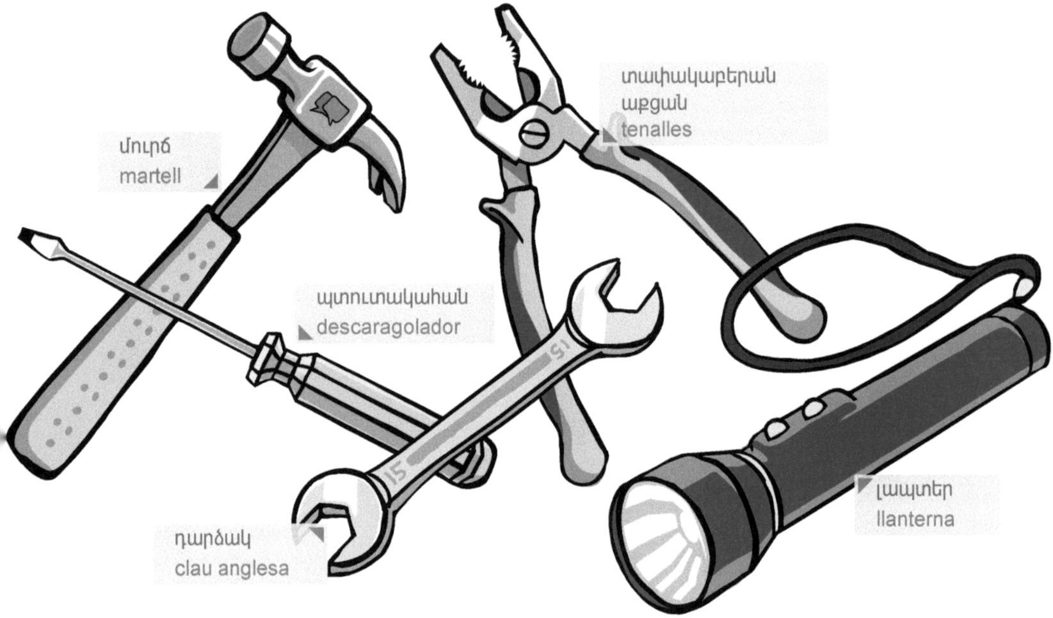

էքսկավատոր

excavadora

գործիքների տուփ

caixa d'eines

սանդուղք

escala

սղոց

serra

մեխեր

claus

գայլիկոն

trepant

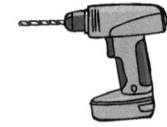

նորոգում

reparar

բահ

pala

գրողը տանի

Maleït siga!

գոգաթիակ

pala

ներկաման

pot de pintura

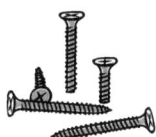

պտուտակներ

caragols

երաժշտական գործիքներ
instrument de música

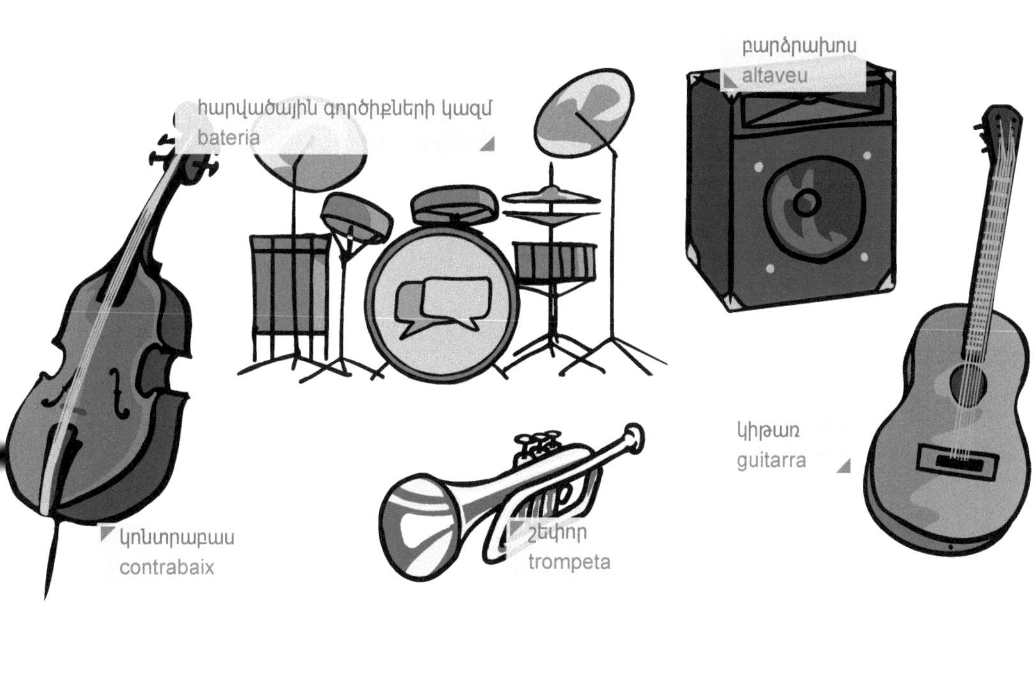

բարձրախոս
altaveu
հարվածային գործիքների կազմ
bateria
կիթառ
guitarra
contrabaix
շեփոր
trompeta

դաշնամուր

piano

ջութակ

violí

բաս

baix

թմբուկներ

timbal

հարվածային գործիքներ

tambor

ստեղնաշար

teclat

սաքսոֆոն

saxofon

ֆլեյտա

flauta

միկրոֆոն

micròfon

կենդանաբանական այգի

ZOO

մուտք
entrada
վագր
tigre
վանդակ
gàbia
զեբր
zebra
կենդանիների կերակուր
aliment per a animals
պանդա
ós panda

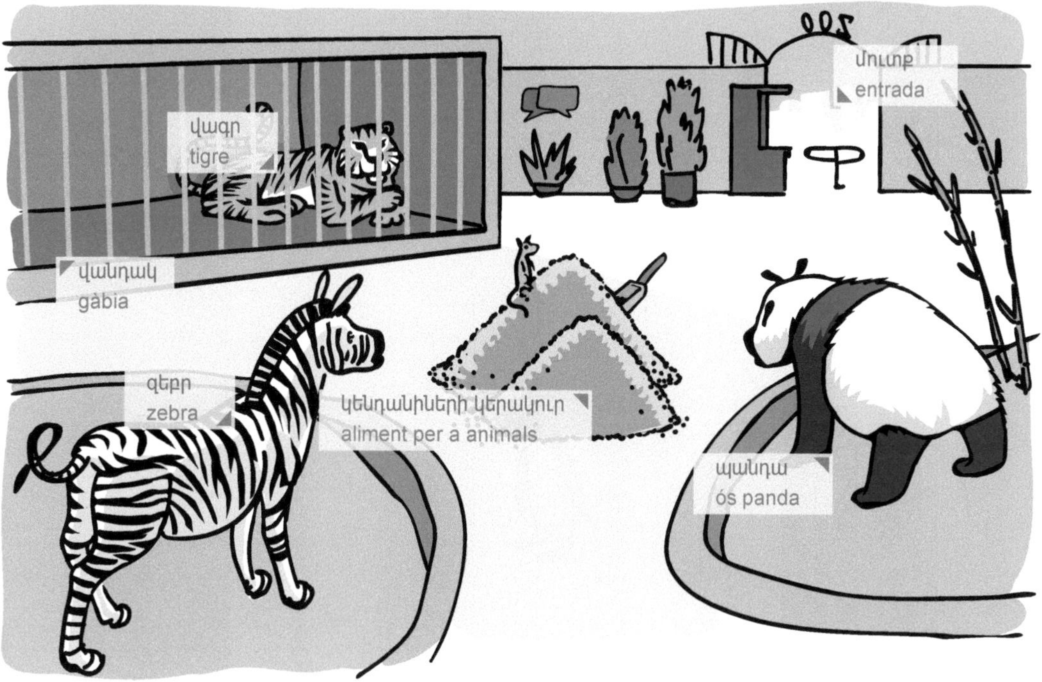

կենդանիներ

animals

փիղ

elefant

կենգուրու

cangurú

ռնգեղջյուր

rinoceront

գորիլա

goril·la

գորշ արջ

ós

ուղտ
camell

ջայլամ
estruç

առյուծ
lleó

կապիկ
simi

Ֆլամինգո
flamenc

թութակ
papagai

բևեռային արջ
ós polar

պինգվին
pingüí

շնաձուկ
ca mari

սիրամարգ
paó

օձ
serp

կոկորդիլոս
cocodril

կենդանաբանական այգու
աշխատող
guardià del zoo

փոկ
foca

յագուար
jaguar

պոնի

poni

ընձառյուծ

lleopard

գետաձի

hipopòtam

ընձուղտ

girafa

արծիվ

àliga

վարազ

senglar

ձուկ

peix

կրիա

tortuga

ծովացուլ

morsa

աղվես

guineu

վիթ

gasela

կենդանաբանական այգի - zoo

սպորտներ

esports

futbol americà
հեծանվավազք
ciclisme
թենիս
tenis
բասկետբոլ
bàsquet
լող
natació
բռնցքամարտ
boxa
հոկեյ
hoquei sobre gel

ֆուտբոլ

futbol americà

բադմինտոն

bàdminton

աթլետիկա

atletisme

ձեռքի գնդակ

handbol

դահուկային սպորտ

esquí

պոլո

polo

գործունեություն
activitats

ծիծաղել
riure
ցատկել
saltar
գրկել
abraçar
քայլել
anar
երգել
cantar
երազել
somiar
աղոթել
pregar
համբուրել
fer un petó

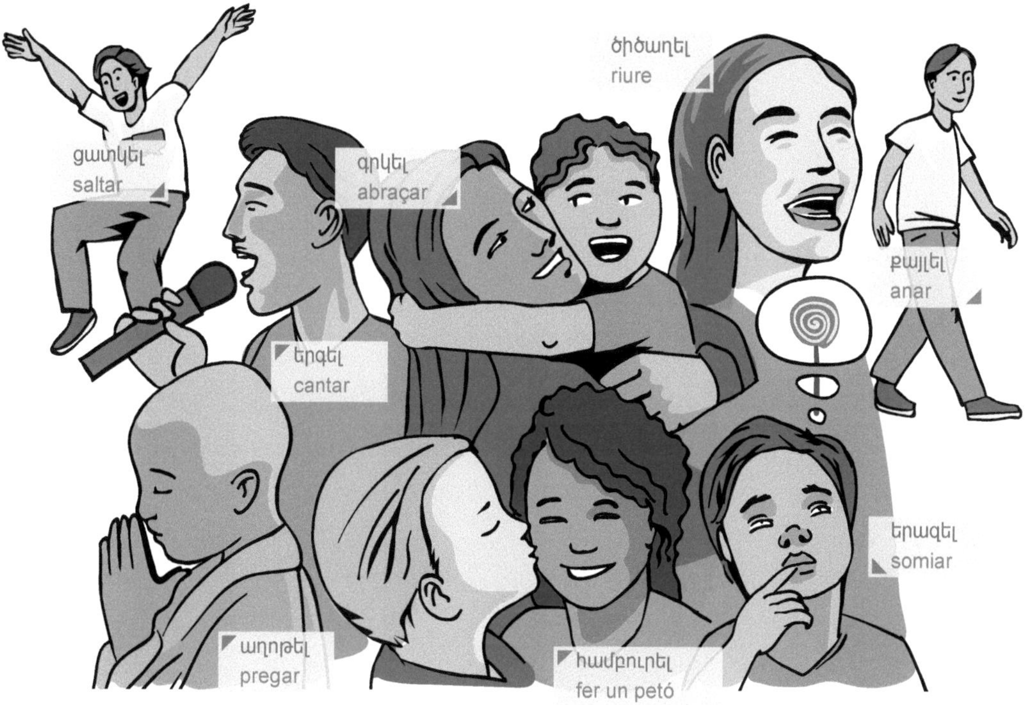

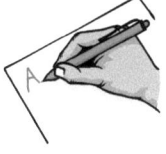

գրել

escriure

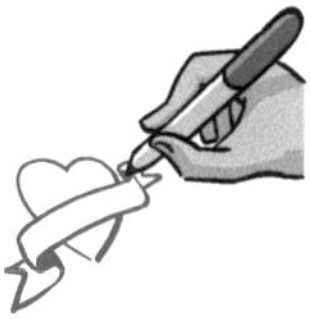

նկարել

dibuixar

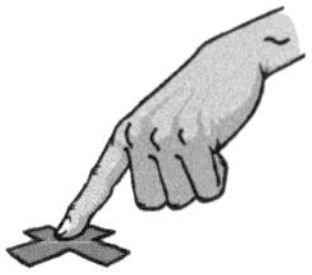

ցույց տալ

mostrar

հրել

pitjar

տալ

donar

վերցնել

prendre

ունենալ

tenir

դեպի

fer

լինել

ésser

կանգնել

estar dret

վազել

córrer

քաշել

estirar

նետել

llançar

ընկնել

caure

ստել

jeure

սպասել

esperar

կրել

portar

նստել

asseure's

հագնվել

vestir-se

քնել

dormir

արթնանալ

despertar-se

նայել

mirar

լացել

plorar

շոյել

amoixar

սանրվել

pentinar

խոսել

parlar

հասկանալ

comprendre

հարցնել

demanar

լսել

escoltar

խմել

beure

ուտել

menjar

հարդարվել

endreçar

սիրել

estimar

խոհարար

cuinar

քշել

conduir

թռչել

volar

լողալ

navegar

հաշվել

calcular

կարդալ

llegir

սովորել

aprendre

աշխատանք

treballar

ամուսնանալ

casar-se

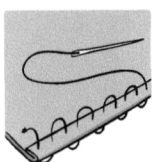

կարել

cosir

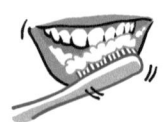

ատամները լվանալ

raspallar-se les dents

սպանել

matar

ծուխ

fumar

ուղարկել

enviar

գործունեություն - activitats

ընտանիք

família

տատիկ
àvia
պապիկ
avi
հայր
pare
մայր
mare
երեխա
nadó
դուստր
filla
որդի
fill

հյուր

convidat

հորաքույր

tia

հորեղբայր

oncle

եղբայր

germà

քույր

germana

մարմին

cos

ճակատ
front
ull
ուս
espatlla
մատ
dit
դեմք
cara
կզակ
barbeta
ձեռք
mà
կուրծք
pit
ոտք
cama
թև
braç

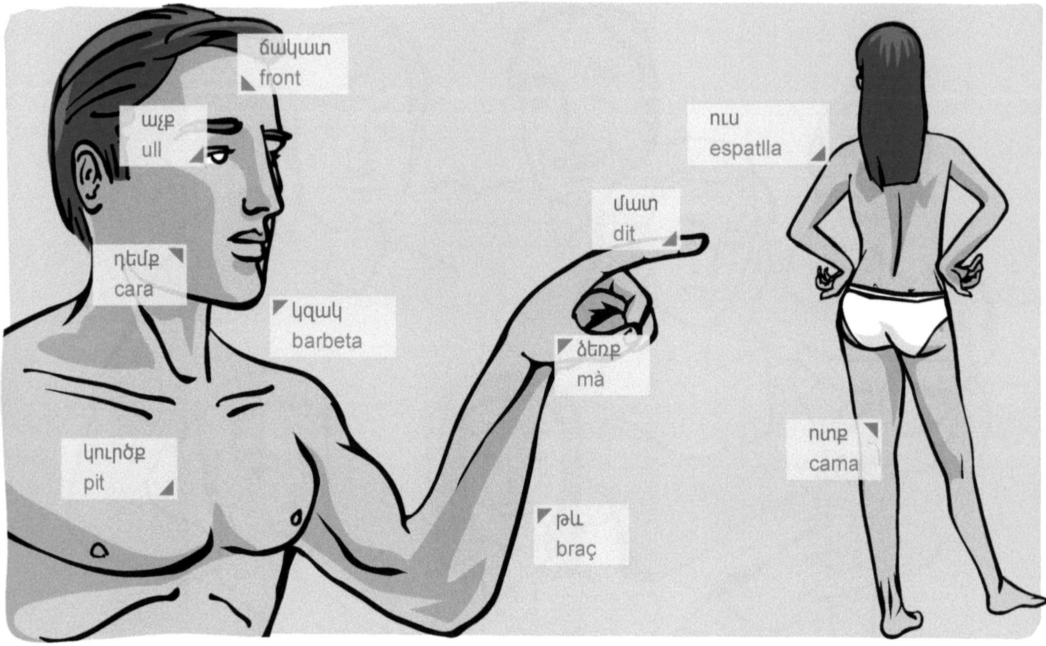

երեխա

nadó

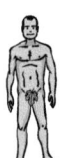

մարդ

home

կին

dona

աղջիկ

noia

տղա

noi

գլուխ

cap

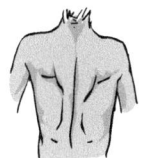

մեջք

esquena

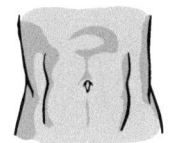

փոր

panxa

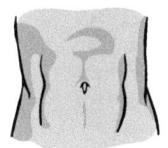

պորտ

melic

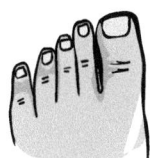

ոտնամատ

dit gros del peu

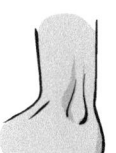

կրունկ

taló

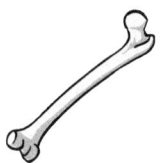

ոսկոր

os

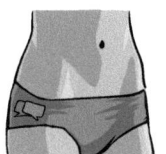

ազդր

maluc

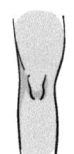

ծունկ

genoll

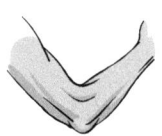

արմունկ

colze

քիթ

nas

հետույք

cul

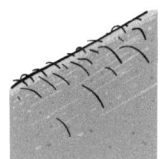

մաշկ

pell

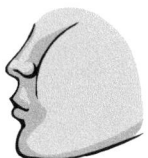

այտ

galta

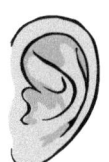

ականջ

orella

շրթունք

llavi

բերան

boca

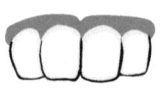

ատամ

dent

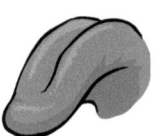

լեզու

llengua

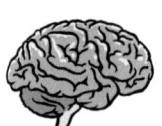

ուղեղ

cervell

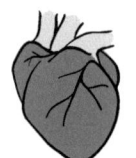

սիրտ

cor

մկան

múscul

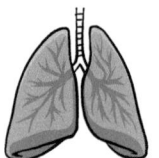

թոք

pulmó

լյարդ

fetge

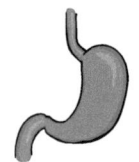

ստամոքս

estómac

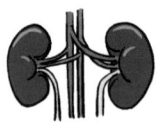

երիկամներ

ronyó

սեքս

relació sexual

պահպանակներ

preservatiu

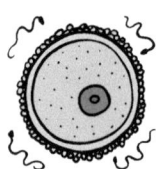

ձվաբջիջը

ovari

Սեմյոն

semen

հղիություն

prenyat

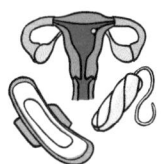

դաշտան

menstruació

հեշտոց

vagina

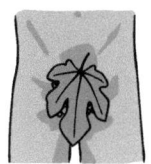

առնանդամ

penis

հոնք

cella

մազ

cabells

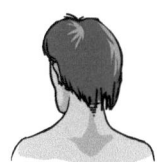

պարանոց

coll

հիվանդանոց

hospital

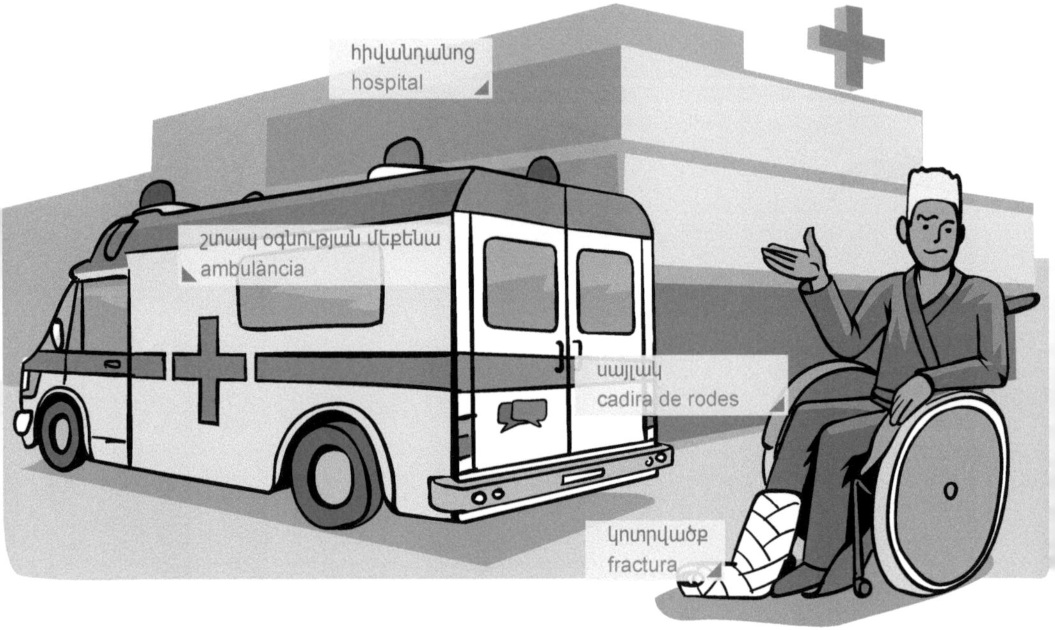

հիվանդանոց
hospital
շտապ օգնության մեքենա
ambulància
սայլակ
cadira de rodes
կոտրվածք
fractura

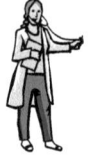

բժիշկ

doctora

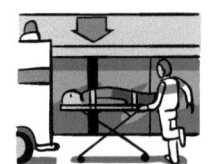

շտապ օգնության սենյակ

sala d'urgències

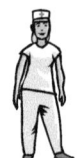

բուժքույր

infermera

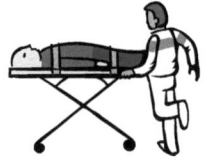

շտապ օգնություն

urgència

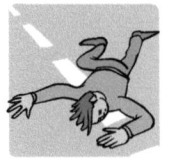

անգիտակից

inconscient

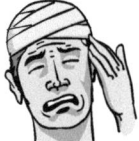

ցավ

dolor

վնասվածք

ferida

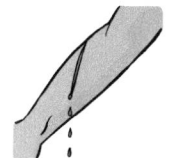

արյունահոսություն

sagnament

սրտի կաթված

atac de cor

կաթված

apoplexia

ալերգիա

al·lèrgia

հազ

tos

տենդ

febre

գրիպ

gripa

փորլուծություն

diarrea

գլխացավ

mal de cap

քաղցկեղ

càncer

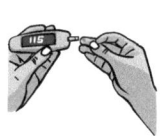

դիաբետ

diabetis

վիրաբույժ

cirurgià

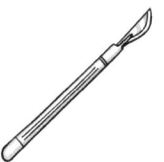

վիրադանակ

escalpel

վիրահատություն

operació

CT

tomografia computada (TC), TAC

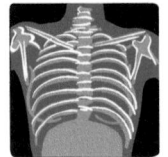

ռենտգեն

raigs x

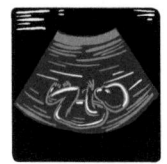

ուլտրաձայնային

ultrasò

դեմքի դիմակ

mascareta

հիվանդություն

malaltia

սպասասրահ

sala d'espera

հենակ

crossa

սպեղանի

tireta

վիրակապ

embenat

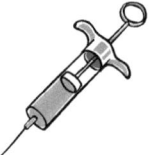

ներարկում

injecció

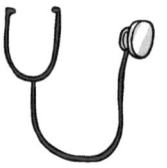

լսափողակ

estetoscopi

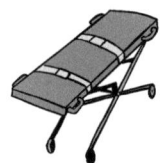

պատգարակ

llitera

ջերմաչափ

termòmetre clínic

ծնունդ

pariment

ավելաքաշ

sobrepès

լսելով օգնության

aparell auditiu

ախտահանիչ

desinfectant

վարակ

infecció

վիրուս

virus

ՄԻԱՎ / ՁԻԱՀ

VIH / SIDA

դեղորայք

medicina

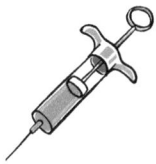

պատվաստում

vaccí

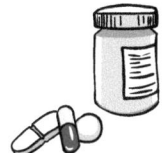

հաբեր

comprimits

հաբ

píl·lola

ահազանգ

trucada d'urgència

արյան ճնշման չափիչ սարք

tensiòmetre

հիվանդ / առողջ

malalt / sà

շտապ օգնություն

urgència

Օգնություն!

Socors!

տագնապի ազդանշան

alarma

հարձակում

assalt

հարձակում

atac

վտանգ

perill

վթարային ելք

sortida-eixida d'urgència

Հրդեհ

Foc!

կրակմարիչ

extintor

վթար

accident

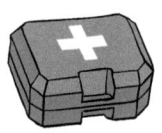

առաջին օգնության դեղարկղ

farmaciola de primers auxilis

SOS

SOS

ոստիկանություն

policia

երկիր
terra

Եվրոպա

Europa

Հյուսիսային Ամերիկա

Amèrica del Nord

Հարավային Ամերիկա

Amèrica del Sud

Աֆրիկա

Àfrica

Ասիա

Àsia

Ավստրալիա

Austràlia

Ատլանտյան օվկիանոս

Atlàntic

Խաղաղ օվկիանոս

Pacífic

Հնդկական օվկիանոս

Oceà Índic

Հարավային Սառուցյալ օվկիանոս

Oceà Antàrtic

Հյուսիսային Սառուցյալ օվկիանոս

Oceà Àrtic

հյուսիսային բևեռ

pol nord

հարավային բևեռ
pol sud

Անտարկտիդա
Antàrtida

երկիր
terra

ցամաք
país

ծով
mar

կղզի
illa

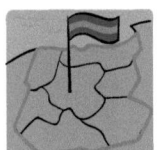

ազգ
nació

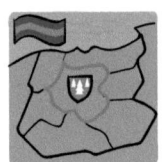

պետական
estat

ժամացույց

rellotge

թվատախտակ

quadrant

ժամի սլաք

agulla de les hores

րոպեի սլաք

agulla dels minuts

վայրկյանի սլաք

agulla dels segons

ժամը քանիսն է?

Quina hora és?

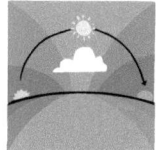

օր

dia

այսպիսով

temps

այժմ

ara

թվային ժամացույց

rellotge digital

րոպե

minut

ժամ

hora

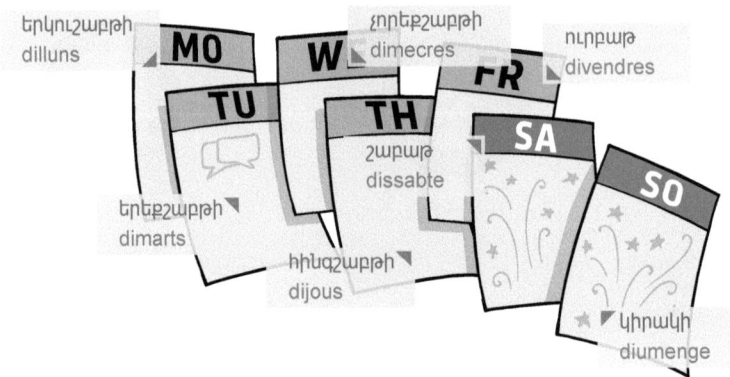

շաբաթ
setmana

երկուշաբթի
dilluns
չորեքշաբթի
dimecres
ուրբաթ
divendres
SA
dissabte
երեքշաբթի
dimarts
հինգշաբթի
dijous
կիրակի
diumenge

այսօր

ahir

այսօր

avui

վաղը

demà

առավոտ

matí

կեսօր

migdia

երեկո

tarda

աշխատանքային օրեր

dia feiner

շաբաթվա վերջ

cap de setmana

անձրև
pluja
ծիածան
arc de Sant Martí
ձյուն
neu
քամի
vent
գարուն
primavera
ամառ
estiu
աշուն
tardor
ձմեռ
hivern

4.APRIL 11°
5.APRIL 4°
6.APRIL 13°
7.APRIL 8°
8.APRIL 10°

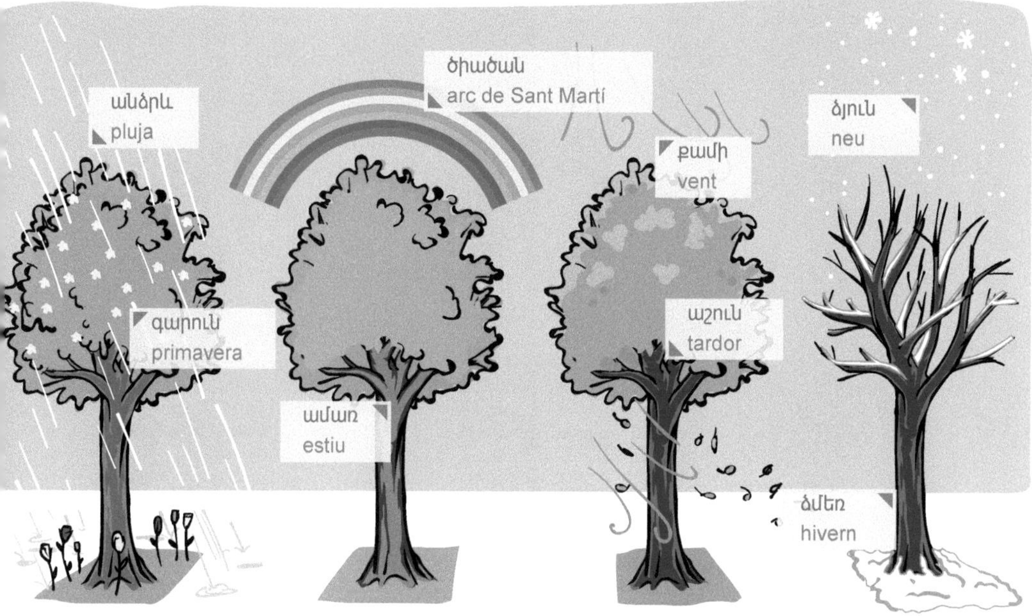

եղանակի տեսություն

pronòstic del temps

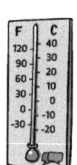

ջերմաչափ

termòmetre

արևի լույս

llum del sol

ամպ

núvol

մառախուղ

boira

խոնավություն

humiditat de l'aire

կայծակ

llamp

որոտ

tro

փոթորիկ

tempesta

կարկուտ

calamarsa

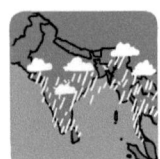

մուսոն

monsó

ջրհեղեղ

inundació

սառույց

gel

հունվար

gener

փետրվար

febrer

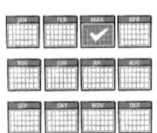

մարտ

març

ապրիլ

abril

մայիս

maig

հունիս

juny

հուլիս

juliol

օգոստոս

agost

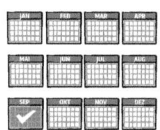

սեպտեմբեր
....
setembre

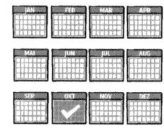

հոկտեմբեր
....
octubre

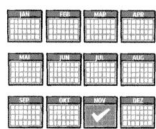

նոյեմբեր
....
novembre

դեկտեմբեր
....
desembre

ձևավորում

formes

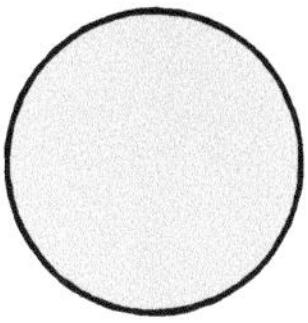

շրջան
....
cercle

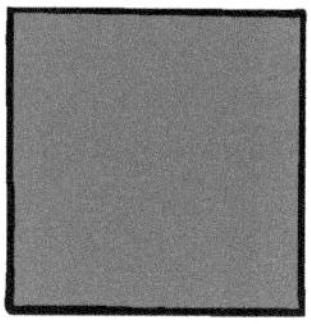

քառակուսի
....
quadrat

ուղղանկյունի
....
rectangle

եռանկյունի
....
triangle

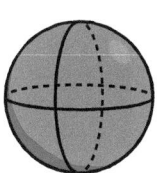

ասպարեզ
....
esfera

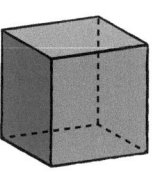

խորանարդ
....
cub

գույներ

colors

վարդագույն

blanc

մոխրագույն

groc

դեղին

taronja

մանուշակագույն

rosa

կարմիր

vermell

շագանակագույն

lila

կապույտ

blau

սև

verd

նարնջագույն

marró

սպիտակ

gris

կանաչ

negre

շատ / քիչ

molt / poc

բարկացած / հանգիստ

emprenyat / tranquil

գեղեցիկ / տգեղ

bonic / lleig

սկսած / վերջը

començament / fi

մեծ / փոքր

gran / petit

պայծառ / մութ

clar / fosc

եղբայրը / քույրը

germà / germana

մաքուր / կեղտոտ

net / brut

ամբողջական / թերի

complet / incomplet

օր / գիշեր

dia / nit

մեռած / կենդանի

mort / viu

լայն / նեղ

ample / estret

ուտելի / անուտելի

comestible / immenjable

չար / բարի

dolent / amable

հուզված / ձանձրացրել

entusiasmat / entediat

հաստ / բարակ

gros / prim

առաջին / վերջին

primer / darrer

ընկերը / թշնամին

amic / enemic

լիքը / դատարկ

ple / buit

կոշտ / փափուկ

dur / tou

ծանր / թեթև

pesant / lleuger

քաղց / ծարավ

gana / set

հիվանդ / առողջ

malalt / sà

անօրինական է / իրավաբանական

il·legal / legal

խելացի / հիմարություն

intel·ligent / ximple

ձախ / աջ

esquerra / dreta

մոտիկ / հեռու

prop / llunyà

Նոր / օգտագործվում

nou / usat

ոչինչ / ինչ - որ բան

res / quelcom

ծեր / երիտասարդ

vell / jove

միացում անջատում

encès / apagat

բաց / փակ

obert / tancat

ցածր / բարձր

silenciós / sorollós

հարուստ / աղքատ

ric / pobre

ճիշտ / սխալ

correcte / incorrecte

անհարթ / հարթ

aspre / suau

տխուր / ուրախ

trist / content

կարճ / երկար

curt / llarg

դանդաղ / արագ

lent / ràpid

թաց / չոր

humit / sec - eixut

տաք / թույն

calent / fred

պատերազմ /
խաղաղություն
guerra / pau

թվեր
nombres

0	1	2
զրո	մեկ	երկու
zero	u	dos
3	4	5
երեք	չորս	հինգ
tres	quatre	cinc
6	7	8
վեց	յոթ	ութ
sis	set	vuit
9	10	11
ինը	տասը	տասնմեկ
nou	deu	onze

12

տասներկու

dotze

13

տասներեք

tretze

14

տասնչորս

catorze

15

տասնհինգ

quinze

16

տասնվեց

setze

17

տասնյոթ

disset

18

տասնութ

divuit

19

տասնինը

dinou

20

քսան

vint

100

հարյուր

cent

1.000

հազար

mil

1.000.000

միլիոն

milió

լեզուներ
llengües

անգլերեն

anglès

ամերիկյան անգլերեն

anglès americà

չինարեն մանդարին

xinès mandarí

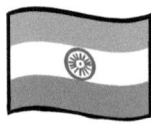

հինդի

hindi

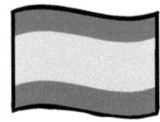

իսպաներեն

espanyol

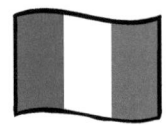

ֆրանսերեն

francès

արաբերեն

àrab

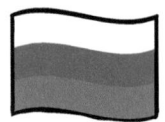

ռուսերեն

rus

պորտուգալերեն

portuguès

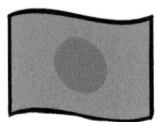

բենգալերեն

bengalí

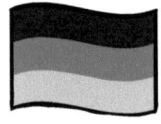

գերմաներեն

alemany

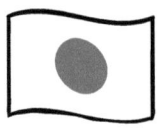

ճապոներեն

japonès

Ով է /, թե ինչ է /, ինչպես
qui / què / com

ես

jo

դուք

tu

Նա / նա /, որ դա

ell / ella / allò

մենք

nosaltres

դուք

vosaltres

նրանք

ells

Ով է?

qui?

ինչ?

què?

ինչպես?

com?

որտեղ.

on?

երբ?

quan?

անուն

nom

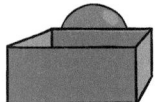

որտեղ

on

ետևում

darrere

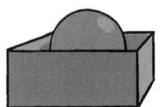

մեջ

en

դիմաց

davant de

վրա

damunt

վրա

sobre

տակ

sota

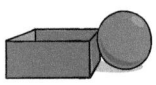

կողքին

al costat

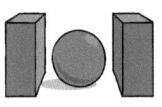

միջեւ

entre

տեղ

lloc